Una casa para Cata

Susanna Fallon
ilustrado por Lisa Fox

—Me mudo. ¿Dónde?
¿Dónde? —dijo Cata.

—Mi casa está bonita.
¿Te gusta? —dijo Cucú.

—Mi casa está bonita.
¿Te gusta? —dijo Nico.

—Mi casa está bonita.
¿Te gusta? —dijo Coco.

—Mi casa está bonita.
¿Te gusta? —dijo Paco.

—Mi casa está bonita.
¿Te gusta? —dijo Coti.

—¡No me mudo! Me gusta mi casa —dijo Cata.